I0843281